KIKI

Wohnt in Accra (Ghana)
Technikerin

Kiki kann nie lange still sitzen. Aus Neugier zerlegt sie immer wieder Dinge, um zu sehen, wie sie funktionieren und wie man sie repariert. Ihr Lieblingsort ist der Werkraum ihrer Schule in Ghana. Wegen ihrer Leidenschaft für Nachhaltigkeit bastelt sie immer an etwas rum und macht sich dabei gern die Hände schmutzig.

DK

Ein Fall für die ForscherKids

Jagd durch den Regenwald

S. J. King

INHALT

OLLIS NOTIZEN

Kapitel 1

DAS ABENTEUER RUFT

„Da bist du ja!“, flüsterte Olli und lächelte.

Den Koala kümmerte es nicht, dass Olli unter seinem hohen Baum saß. Er schnappte sich noch einen Mundvoll Eukalyptusblätter und kaute bedächtig.

Olli war heute in einem Naturschutzgebiet nicht weit entfernt von seinem Zuhause im australischen New South Wales. Obwohl hier Dutzende Koalas lebten, musste man Geduld haben, wenn man sie sehen wollte.

Ein zweites graues Wesen kletterte langsam den Baumstamm hinab.

Noch ein Koala!, dachte Olli aufgeregt. *Vielleicht sehe ich ja sogar einen mit Baby!*

Es war ein glühend heißer Tag. Olli saß im Schneidersitz auf dem warmen Boden und holte seinen Apfelsaft heraus. Die Erde war trocken und steinhart wie ein zu lang gebackener Keks. Aber Olli wusste, dass es diesen Bäumen hier gut ging.

Er wusste einiges über sie und die Tiere, die in ihnen lebten. So viel sogar, dass er manchmal einen besonderen Geheimauftrag zu wichtigen Missionen erhielt.

Die Baumwurzeln zum Beispiel. Olli konnte sie zwar nicht sehen, aber er wusste, dass sie so tief ins Erdreich wuchsen, bis sie das Grundwasser erreichten. So konnten Eukalyptusbäume auch bei Dürre überleben.

Genau wie ich. Olli schlürfte seinen Saft.

Die langen Wurzeln waren nicht nur für die Bäume gut, sondern auch für die Koalas. Eukalyptusblätter enthalten viel Wasser. Koalas löschen ihren Durst meist allein über ihre Nahrung und müssen nicht oft etwas anderes zu trinken suchen.

Als Baumexperte kannte Olli selbst die Namen der verschiedenen Teile von Bäumen auswendig. Der oberste Teil war die Krone. Die Schicht, die direkt unter der Rinde wuchs, hieß Kambium. Wenn sie wuchs, machte das den Baum dicker. Und der leuchtende Kompass auf der Seite des Stammes war ...

Moment! Ein leuchtender Kompass?

Olli sprang auf. Er trug ein Abzeichen an seinem Hemd, das genauso aussah. Der Kompass war das Symbol der Forscher-Kids! Wenn plötzlich in seiner Umgebung ein Kompass auftauchte, konnte das nur eins bedeuten.

Es gab eine neue Mission!

Kein einziger seiner Schulfreunde wusste, dass er nicht nur Olli, der baumverrückte Junge aus der Waratah Street war. Er war auch ein Abenteurer – Olli, der Regenwald-Experte.

Olli rannte zum Baum, auf dem der leuchtende Umriss einer Tür erschienen war. Er öffnete sie und rannte in das grelle weiße Licht hinein. Mächtiger Wind umtoste ihn ...

... und im nächsten Moment stand er in der Forscherzentrale!

„Olli hier!“, rief er.

Die Wände der Forscherzentrale bestanden aus schwarz glänzendem Stein. Auf der einen Seite standen einige Glaskästen. Darin waren all die Gegenstände ausgestellt, die die Forscher-Kids auf ihren Missionen gesammelt hatten. An der anderen Wand befanden sich Computerbildschirme, mit denen von der Zentrale aus

Missionen mitverfolgt wurden. Ein Sofa und ein paar große, gemütliche Sessel machten alles perfekt.

Olli hatte die Zentrale als Erster betreten. Er eilte an der riesigen, auf den Boden gemalten Weltkarte vorbei, über der an der gewölbten Decke eine Projektion der Milchstraße glitzerte, ließ sich in einen Sessel fallen und schaute zu, wie die anderen eintrafen.

„Connor hier!", rief der Meeresforscher der Gruppe, als er aufgeregt hereingeflitzt kam.

Ein Mädchen mit Brille folgte ihm. „Kiki hier! Vorsicht, Connor! Renn die Geräte nicht um!" Kiki war die Technikerin.

Als Nächstes betraten Roshni, die Weltraumforscherin, und Gustavo, der Experte für Geschichte, den Raum.

„Cheng hier!", rief der Geologie-Experte und setzte sich neben Olli.

Tamiko, die Dinosaurier-Expertin, kaute noch an ihrem Abendessen. „Tmmmkmmf hmmf!" Sie schluckte. „Entschuldigt. Ich weiß, ich esse wie ein Stegosaurus."

Als Letzte rannte die Biologie-Expertin durch die Tür. „Lea hier!", verkündete sie fröhlich und warf sich neben Kiki aufs Sofa. Lea kannte sich mit fast allen Pflanzen- und Tierarten bestens aus. „Wissen wir schon, wohin uns diese Mission führt?"

Obwohl sie sonst verschiedene Sprachen benutzten, konnten die Forscher-Kids einander verstehen und miteinander reden, dank der besonderen Magie der Forscherzentrale.

„Noch nicht", sagte Roshni. „Ich hoffe zum Mars!"

„Oder zu einem Unterwasser-Vulkan!", rief Cheng.

„Das wäre fantastisch", sagte Connor.

Gespannt blickten die Kinder zur Weltkarte auf dem Boden und warteten.

Da! Eine Insel in Südostasien, nordwestlich von Australien, leuchtete auf.

„Das ist Borneo!“, rief Olli sofort. Diese Insel würde er überall erkennen – sie war nämlich berühmt für ihren Regenwald.

Ein Lichtstrahl kam aus der Landkarte und warf ein kleines Bildschirmfenster an die Wand. Es zeigte einen üppig grünen Regenwald.

Zwischen den Bäumen hangelte sich ein Tier mit orange-rötlichem Fell entlang. Es hatte lange Arme, kurze Beine und blickte verschmitzt drein.

„Ein ... Affe?“, fragte Gustavo verwirrt.

„Es ist ein Orang-Utan, eine der wenigen Arten von Menschenaffen“, sagte Olli. „Bestimmt ist unsere Mission, ihm zu helfen.“

Aber es wurden immer nur zwei Kinder für eine geheime Mission ausgewählt. Die anderen blieben in der Forscher-zentrale zurück. Wer würde wohl diesmal gehen?

Olli drückte sich selbst die Daumen.

Eine Sekunde später leuchtete sein Abzeichen hell auf, genau wie Kikis. Sie grinsten sich an und klatschten sich ab.

Roshni lachte. „Na, so eine Überraschung! Der Regenwald-Experte darf gehen!"

„Aber warum die Technikerin?", fragte Gustavo.

„Die Forscherzentrale täuscht sich nie", sagte Lea mit einem Schulterzucken.

Kiki sprang auf. „Okay. Komm, Olli. Lass uns die *Kolumbus* anwerfen!" Sie ging zu den Computern und drückte einen großen roten Knopf. Der Boden öffnete sich und ein rundes Podest fuhr hoch. Darauf stand ein schäbiges altes Gokart.

In dem Gefährt steckte viel mehr, als es nach außen hin erahnen ließ: Die *Kolumbus*, benannt nach dem berühmten Seefahrer, würde sie zum Ort ihrer Mission bringen. Olli und Kiki stiegen ein und schnallten sich an. Die anderen setzten sich vor die Computer. Falls es Probleme gab, würden sie von hier aus helfen, so gut sie konnten.

Im fleckigen Armaturenbrett saß ein leuchtender Knopf mit der Aufschrift START. Olli drückte ihn.

Die *Kolumbus* begann zu rattern und zu vibrieren. Sie schossen vorwärts in einen wirbelnden Lichttunnel. Die Forscherzentrale verschwand und um sie herum waren nur noch grelles Licht und heulender Wind.

Nun verwandelte sich die *Kolumbus*. Das Cockpit reckte sich nach vorn und wurde spitz. Eine Glaskuppel schloss sich über Olli und Kiki und zwei elegante weiße Flügel schoben sich seitlich aus dem Rumpf.

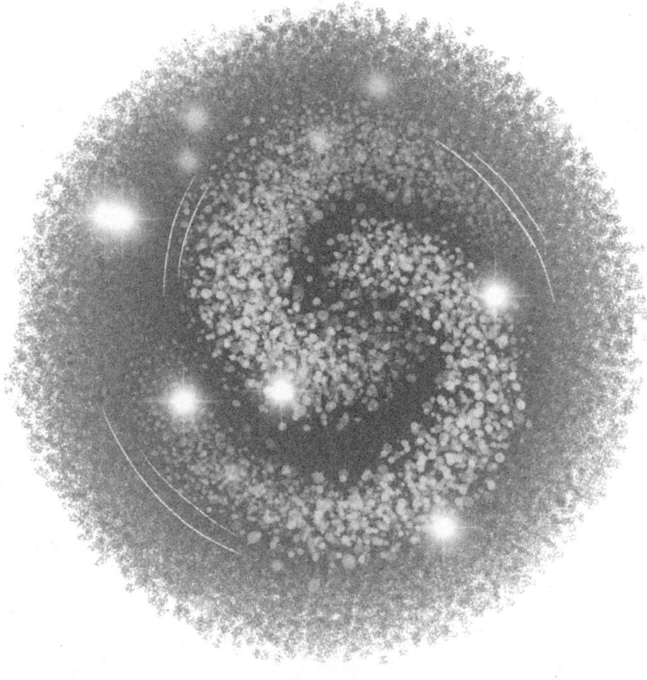

Endlich verblasste das Licht. Vorsichtig öffnete Olli die Augen. Draußen strahlte der Himmel in einem klaren Blau. Tief unter ihnen sah er dicht aneinander gedrängte grüne Baumkronen. Komischerweise war außer dem leisen Rauschen des Windes kein Mucks zu hören. Ringsherum herrschte totale Stille.

„Die *Kolumbus* hat sich in ein Flugzeug verwandelt!“, rief er aufgeregt. „Aber warum ist es so still?“

„Weil wir gleiten“, erklärte Kiki. „Siehst du die Bedienelemente? Wir sitzen in einem Segelflugzeug. Den Motor brauchen wir nur ab und zu.“

Olli ergriff den Steuerknüppel, der vor ihm aufgetaucht war. Er lenkte die *Kolumbus* in einem weiten Kreis über den fantastischen Regenwald unter ihnen.

„Willkommen auf Borneo", sagte er.

„Es ist wunderschön hier", erwiderte Kiki staunend.

Olli nickte. „Finde ich auch." Aber ihm war klar, dass die Forscherzentrale sie nicht ohne Grund hierhergeschickt hatte.

Irgendwo dort unten lauerten Gefahren auf sie. Und ein kleiner Orang-Utan brauchte ihre Hilfe.

Kapitel 2

DIE MEISTERDIEBIN

Während die *Kolumbus* lautlos dahinglitt, genossen Olli und Kiki die unglaubliche Aussicht.

„Wie dicht der Wald hier ist", staunte Kiki. „Ich habe noch nie so viel Grün gesehen!"

Olli deutete auf die Wolken, die über dem riesigen Gebiet hingen. „Sie bestehen aus dem Wasser, das aus all diesen Blättern verdunstet“, erklärte er und zeigte auf eine lange Lücke im Blätterdach. „Das sieht aus wie eine Landebahn.“

Kiki nickte. „Ja, lass uns unsere Mission erfüllen. Zum Landen brauchen wir jetzt den Motor.“ Sie schaltete ihn ein und der Propeller erwachte ratternd zum Leben.

Kiki zeigte Olli, wie er den Knüppel und die Pedale bedienen musste. Er wendete den Motorsegler und richtete die Flugzeugnase entlang der Landebahn aus. Die *Kolumbus* gab ein fröhliches **PIEP** von sich. Das klang wie: „Gut gemacht!“

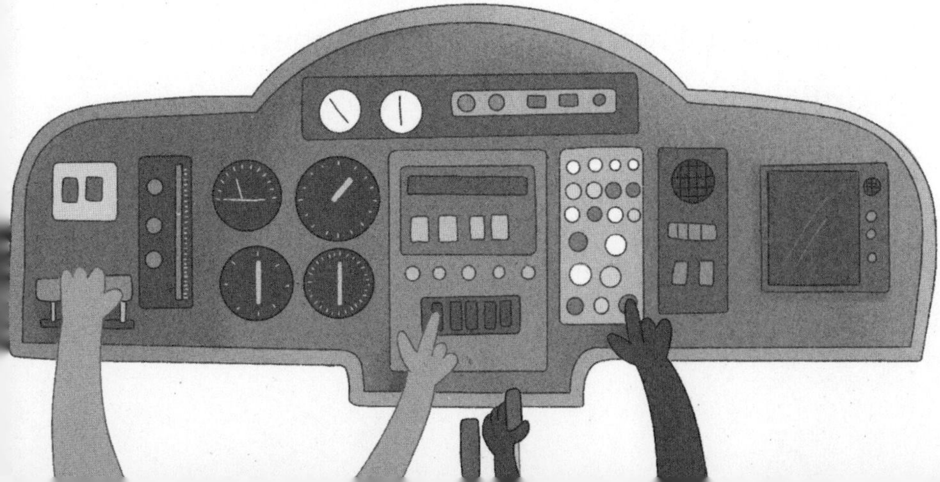

Olli brachte das Flugzeug in einen sanften Sinkflug. Kiki hielt den Atem an, als sich die Landebahn näherte. Die Räder setzten auf dem Asphalt auf und mit quietschenden Bremsen kamen sie langsam zum Stehen.

„Tolle Landung!“, lobte Kiki. „Hast du irgendeine Ahnung, wo wir sind?“

Olli sah sich um. Neben ihnen war ein hoher Sicherheitszaun. Ein Schild trug die Aufschrift ***HATALA AUFFANGSTATION UND NATURSCHUTZGEBIET***.

„Am richtigen Ort, schätze ich“, sagte er gespannt und kletterte aus der *Kolumbus*, Kiki dicht hinter ihm. Vogelgezwitscher und ein Froschkonzert empfingen sie und alles roch feucht und erdig. Am auffallendsten war aber die schwüle Hitze, die hier herrschte! Olli hatte das Gefühl, durch Dampf zu laufen.

„Puh“, seufzte Kiki. „Ich klebe jetzt schon überall.“

Sie gingen zum Eingang. Durch den Zaun sah Olli einen Jungen in ihrem Alter.

„Kommt rein“, begrüßte sie der Junge freundlich. „Ich bin Jamal.“

„Ich heiße Kiki und das ist Olli“, sagte Kiki. „Darfst du wirklich hier arbeiten? Da werde ich ja gleich so was von neidisch!“

„Ich bin freiwilliger Helfer“, erklärte Jamal. „Wollt ihr euch hier mal umsehen? Ich führe euch rum!“

„Ja!", riefen die Forscher-Kids aufgeregt. Eine Privatführung durch ein Naturreservat auf Borneo? Olli konnte es kaum erwarten!

Bald erkannte er, dass das Gebiet viel größer war als gedacht. Die Tiere hatten so viel Platz! Jamal zeigte ihnen ein Gehege mit einem Bach, in dem Elefanten badeten.

Die Dickhäuter hatten niedliche Gesichter, große Ohren und lange Schwänze, die fast bis zum Boden reichten. „Was für Elefanten sind das?", fragte Kiki.

„Zwergelefanten", erklärte Jamal. „Die gibt es nur hier auf Borneo."

Eines der Tiere wanderte zu Kiki, setzte sich hin und sah sie vertrauensvoll aus großen Augen an. Begeistert wedelte Kiki mit den Händen. „Kann ich ein paar Fotos machen?"

„Nur zu!", sagte Jamal lachend.

Kiki machte gleich mehrere Aufnahmen mit ihrer Kamera. Sie hatte den Apparat extra so umgebaut, dass er eine laufende Verbindung zum Internet hatte. Auf diese Weise mussten sie und Olli nur einen einzigen Knopf drücken, um Fotos auf seinen Blog hochzuladen.

„Olli, deine Leser werden das hier lieben!", murmelte sie mit einem zufriedenen Lächeln.

„Leser?", fragte Jamal.

„Die Leser meines Blogs", erklärte Olli, „*Ollis grüne Welt.*"

Jamal führte sie zum Gehege der Nebelparder. Vor dem Unterholz waren die schönen Raubkatzen wegen ihres gefleckten Fells fast nicht zu sehen. Danach lernten sie die Silberlanguren kennen. Kiki schoss Dutzende Fotos von den erwachsenen grauen Tieren, deren orangefarbene Babys sich an ihre Bäuche klammerten.

Olli war zugleich begeistert und nervös. Das Naturschutzgebiet war faszinierend, aber was hatte das mit ihrer Mission zu tun?

„Die Tiere hier sind alle sicher, oder?“, fragte er.

Jamal nickt ernst. „Jetzt ja.“

„Was meinst du damit?“

„Alle diese Tiere haben ihr Zuhause verloren“, erklärte Jamal. „Deshalb gibt es diese Auffangstation. Wir kümmern uns um sie.“

Kiki schnappte nach Luft. „Verloren? Das ist ja schrecklich! Wie ist das passiert?“

„Der Regenwald, in dem sie gelebt haben, wurde abgeholzt“, sagte Jamal.

„Aber warum?“

Jamal runzelte die Stirn. „Um Platz für Palmenplantagen zu schaffen. Ihr habt ja keine Ahnung, wo überall Palmöl drinsteckt. Man nutzt es nicht nur zum Kochen und Backen. Es ist auch in Deos, Lippenstift, Treibstoff ... und manchmal sogar in Schokolade.“

„Außerdem erzeugen die Plantagen eine Menge Treibhausgase“, ergänzte Olli. „Und das beschleunigt den Klimawandel. Sie sind ein Riesenproblem.“

Vor dem Orang-Utan-Gehege stupste Kiki Olli an. „Hier finden wir bestimmt mehr über unsere Mission heraus.“

Hinter Jamal stiegen sie einen Turm mit einer Aussichtsplattform hoch. Von hier aus hatten sie eine wunderbare Sicht über die Baumwipfel. In den oberen Zweigen entdeckte Olli mehrere Orang-Utans. Mit ihren langen Armen schwangen sie sich von Ast zu Ast. Noch nie zuvor hatte er diese fantastischen Geschöpfe aus der Nähe gesehen.

„Haben sie Namen?“, fragte Kiki.

„Na klar!“ Jamal zeigte nacheinander auf jedes Tier. „Der große alte Kerl ist Sibu. Der da ist Pongo und das hier ist Betty.“

„Und wie heißt dieser kleine Schlingel?" Kiki fotografierte ein Junges, das auf dem Boden mit ein paar seltsamen Gegenständen spielte. Olli erkannte einen Kamm, Stifte, eine Sonnenbrille und eine Taschenlampe.

„Das ist Mango!“, sagte Jamal lachend. „Passt bloß auf. Sie klaut alles, was nicht niet- und nagelfest ist.“ Er klopfte sich auf die Taschen. „Schade, ich habe keine Mango dabei. Die liebt sie! Deshalb heißt sie so.“

Olli sah, wie Mango mit dem Kamm in der Erde grub. „Ich weiß, was sie vorhat“, sagte er. „Orang-Utans benutzen Gegenstände als Werkzeuge. Damit graben sie Insekten und Samen aus, um sie zu fressen.“

„Tiere benutzen Werkzeuge? Genial!“, rief Kiki. „Seht nur, sie will Hallo sagen!“

Mango bemerkte, dass sie beobachtet wurde. Sie kletterte auf einen nahen Baum, schwang sich zur Plattform herüber und zog sich daran hoch. Jetzt stand Olli dem seltsamen kleinen Wesen von Angesicht zu Angesicht gegenüber und sah direkt in ein Paar schelmische dunkle Augen.

„Fast wie ein Mensch!“, hauchte er.

„Das bedeutet ‚Orang-Utan‘ ja auch“, sagte Jamal. „Waldmensch. Die Bezeichnung kommt aus Malaysia und Indonesien.“

Als Kiki sich zu Jamal umdrehte, um ihn weiter nach den Palmölplantagen zu fragen, bemerkte Olli plötzlich, dass Mango sich Kikis Rucksack griff. Sie wühlte darin herum und zog Kikis Kamera heraus. Da war sie, die Meisterdiebin in Aktion!

Sanft nahm er Mango die Kamera weg und gab sie Kiki zurück. Die japste staunend: „Die ist ja lustig und listig!" Alle lachten. Kiki verstaute die Kamera wieder im Rucksack. Aber diesmal zog sie den Reißverschluss zu.

„Gehen wir weiter", riet Jamal, „bevor Mango euch noch etwas anderes klaut."

Mit lautem Geschrei und schwingenden Armen kletterte das Orang-Utan-Mädchen mit ihnen die Leiter hinunter. Olli hätte sie am liebsten mitgenommen.

Jamal zeigte ihnen noch die Schuppentiere – Insektenfresser, die sich bei Gefahr zu einer Kugel zusammenrollten – und einige kleine Sonnenbären. Die schwarzen Tiere mit den langen krummen Klauen waren in freier Wildbahn nur sehr schwer zu finden.

Inzwischen war so viel Zeit vergangen, dass Jamal vorschlug, eine Pause einzulegen.

Sie gingen in die Cafeteria. Während Jamal kalte Getränke holte, flüsterte Kiki: „Olli, es ist toll hier, aber ... bist du auch so verwirrt wie ich?"

Olli nickte. „Es macht total Spaß, aber die Forscherzentrale hat uns ja nicht in die Ferien geschickt! Was sollen wir hier?"

Kiki zuckte die Schultern. „Die Tiere sehen sicher und zufrieden aus. Sind wir vielleicht zum falschen Zeitpunkt gekommen?"

„Die Forscherzentrale macht keine Fehler", gab Olli zu bedenken.

Gerade als sich Jamal wieder zu ihnen setzte, lief ein freiwilliger Helfer herbei. Er sah besorgt aus.

„Doktor Faridah", rief Jamal. „Ist alles in Ordnung?"

„Mango ist nicht bei euch, richtig?", fragte der Tierarzt.

„Ist sie nicht im Gehege?“, fragte Jamal.

Doktor Faridah schüttelte den Kopf. „Wir haben sie überall gesucht. Unter dem Zaun bei ihrem Lieblingsplatz ist ein Loch.“

„Glauben Sie, Mango ist ausgebüxt?", fragte Kiki.

„Das ist gar nicht gut." Jamal stand auf. Im Nu versammelten sich zahlreiche Freiwillige um sie herum. Beunruhigt redeten alle durcheinander. Die Lage wirkte sehr ernst. Jamal drehte sich zu Olli und Kiki um.

„Mango könnte in großen Schwierigkeiten stecken", erklärte er. „Sie ist viel zu jung, um alleine in der Wildnis zurechtzukommen. Ich habe zwar noch keine Ahnung wie, aber wir müssen sie unbedingt finden und zurückbringen."

Olli und Kiki sahen sich an.

„Jetzt weiß ich, warum wir hier sind", sagte er.

„Ich auch!", sagte Kiki.

Es war das kleine Orang-Utan-Mädchen Mango gewesen, das sie auf dem Bildschirm in der Forscherzentrale gesehen hatten. Ihre Aufgabe war, sie zu retten – und ihre Mission hatte gerade begonnen.

Kapitel 3
AUF SPURENSUCHE

Jetzt, da Olli und Kiki wussten, was ihre Mission war, durften sie keine Zeit verlieren. Wild entschlossen, Mango wiederzufinden, rannten sie nach draußen.

Die *Kolumbus* stand noch auf der Landebahn, als würde sie auf sie warten. Egal, auf welche Art Mission die Forscher-Kids geschickt wurden, ihr Gefährt hatte immer die richtige Ausrüstung dabei. Olli und Kiki öffneten den Laderaum. Er war bis zum Rand mit der geeigneten Ausstattung bestückt.

„Okay, du bist der Regenwald-Experte", sagte Kiki zu Olli. „Was sollen wir mitnehmen?"

Olli suchte ein paar Dinge zusammen. „Erst mal brauchen wir feste Wanderschuhe, damit unsere Füße trocken bleiben." Als Nächstes stopfte er eine Regenjacke in Kikis Beutel. Dann holte er Trekkingstöcke heraus. Damit konnten sie in dem unebenen Gelände besser das Gleichgewicht halten. Außerdem noch einen Sonnenhut, Sonnenbrillen und Insektenschutzmittel. Zuletzt steckte Olli eine Landkarte und einen Kompass ein, damit sie sich nicht verlaufen konnten, und ausreichend Wasser und etwas zu essen, um bei Kräften zu bleiben.

„Alles bereit?“, fragte Kiki.

Olli reckte den Daumen. „Los, finden wir Mango!“

Zusammen verließen sie die Landebahn und die Sicherheit der *Kolumbus* und machten sich auf den Weg in den verschlungenen, schattig-grünen Regenwald.

Olli war es, als betrete er das pochende Herz der Welt. Der Regenwald erfüllte all seine Sinne auf einmal. In der feuchten Hitze war sein Gesicht bald schweißüberströmt. Der weiche Boden saugte sich schmatzend an seinen Schuhsohlen fest.

Es roch intensiv nach feuchter Erde und Pflanzen. Überall waren Vögel, Affen, Frösche und Insekten. Sie zwitscherten, kreischten, brüllten und raschelten. Und noch etwas war atemberaubend: gewaltige, hoch aufragende Baumstämme voller Ranken, Äste, auf denen Farne und Orchideen wuchsen, prächtige, farbenfrohe Blüten und Blätter. Alles war üppig, nass und voller Leben.

Über sich hörten Olli und Kiki ein Schnaufen, als würde eine Dampflokomotive über den Regenwald hinweg stampfen. Olli sah nach oben und entdeckte zwischen den Blättern einen orangefarbenen Blitz und das Flattern großer dunkler Flügel. Ein Nashornvogel! Durch eine weitere Lücke erspähte er den gigantischen Schnabel mit seinem hornartigen Auswuchs, dem der Vogel seinen Namen verdankte. „Wow", flüsterte er.

„Hey, Olli, sieh dir das an!", rief Kiki.

Aufgeregt zeigte sie auf ein paar seltsame violette Gewächse. Sie hingen an Ranken auf den Bäumen, waren wie kleine Milchkrüge geformt und hatten am oberen Rand lippenartige Öffnungen.

„Das sind Kannenpflanzen!", erklärte Olli. „Zum Glück sind wir nicht so klein wie Käfer, sonst würden sie uns fressen."

Vorsichtig zeigte er in eine Pflanze hinein.

„Darin ist Magensaft. Die Kanne funktioniert nämlich wie ein Tiermagen. Fallen Insekten hinein, verdaut die Pflanze sie."

Ollis Blick fiel auf einen merkwürdig aussehenden Ast. „Apropos Essen! Ich glaube, Mango hat sich hier einen Snack genehmigt! Siehst du, dass dieser Ast keine Blätter mehr hat? Orang-Utans ziehen sich Zweige durch den Mund, um die Blätter abzureißen."

„Wir sind also auf der richtigen Spur", jubelte Kiki. „Halte durch, Mango, wir kommen!"

Nun wusste Olli, wonach er Ausschau halten musste. Geduldig folgten sie Mangos Spur, indem sie nach weiteren entlaubten Zweigen suchten. Sie wurden schnell fündig. So arbeiteten sie sich von Zweig zu Zweig vor, bis sie keinen mehr entdeckten. Dann plötzlich rochen sie etwas Entsetzliches.

Kiki hielt sich die Nase zu. „Das stinkt ja wie Eintopf aus Kacke mit Zwiebeln!“, rief sie angeekelt.

Olli zeigte auf eine gelbe Frucht, die vor ihnen auf dem Boden lag. Irgendetwas oder irgendwer hatte die stachelige Rinde abgeschält und die Hälfte des Fruchtfleischs gegessen.

„Das ist eine Durian“, erklärte er. „Diesen Geruch gibt es nur einmal auf der Erde.“

Kiki besah sich die Frucht etwas genauer. „Ich glaube, Mango hat davon gefressen.“

Olli wusste, dass sich Orang-Utans hauptsächlich von Früchten ernährten. Genau das machte die Menschenaffen für den Regenwald ja so wichtig! Schließlich schieden sie auf ihren weiten Wanderungen die Samen der verzehrten Früchte mit ihrem Kot an einem anderen Ort wieder aus. So verteilten sie die Samen über den gesamten Regenwald und es konnten neue Bäume wachsen.

Daher fraß auch das kleine Orang-Utan-Mädchen Mango Früchte, während sie sich von Ast zu Ast schwang – selbst solche, deren Geruch den meisten Menschen sehr unangenehm war.

Was für ein seltsamer Gedanke, dass dieser magische Ort zum Teil durch Orang-Utan-Kot gesund und lebendig gehalten wurde! Aber ohne die Hinterlassenschaften der Menschenaffen würde der Regenwald in große Schwierigkeiten geraten.

„Bleib mal einen Moment stehen", sagte Kiki. „Du hast ein Stöckchen oder so was im Haar."

Kiki streckte die Hand aus und Olli hielt ganz still. Im nächsten Augenblick zog sie abrupt die Hand zurück und japste: „Es hat sich bewegt!"

Olli erstarrte. Lange Beine kitzelten seine Haut, als das „Stöckchen" aus seinem Haar und über seine Wange krabbelte. „Das ist kein Stock", murmelte er, ohne den Mund zu bewegen. „Das ist eine Stabschrecke!"

„Wow!“, staunte Kiki. Sie beugte sich vor und nahm das Tier vorsichtig von Ollis Gesicht. Es war beinahe dreißig Zentimeter lang! Es krabbelte auf Kikis linken Arm und blieb dort mit sanft schwingenden Fühlern sitzen.

Kiki ging zum nächsten Baum und ließ das riesige Urwaldinsekt von ihrem Arm auf einen sicheren Ast krabbeln. „Dieses Kerlchen müssen wir unbedingt für deinen Blog fotografieren.“ Sie griff in ihren Rucksack und rief empört: „Meine Kamera ist weg!“

„Kann sie rausgefallen sein?“, fragte Olli.

„Auf keinen Fall“, sagte Kiki bestimmt. „Ich habe den Reißverschluss zugemacht, aber sieh nur: Jemand hat ihn wieder aufgezogen!“

Olli zeigte auf ein orange-rotes Haar, das sich im Reißverschluss verfangen hatte.

„Hmm. Kennen wir jemanden, der gerne klaut und Haare in dieser Farbe hat?"

„Mango!", riefen beide gleichzeitig.

Kiki schüttelte den Kopf. „Oh, dieser freche kleine Orang-Utan! Ich wette, meine Kamera sehe ich nie wieder. Wahrscheinlich knackt sie gerade Nüsse damit."

Olli seufzte. „Und einzigartig war sie auch noch. Du hast sie so cool umgebaut."

„Moment mal", sagte Kiki. „Das bringt mich auf eine Idee. Meine Kamera ist doch immer mit dem Internet verbunden, weißt du noch? Wenn die Verbindung noch steht, können wir sie vielleicht orten!"

„Glaubst du, die Kamera könnte uns zu Mango führen?", fragte Olli aufgeregt.

„Ja! Wir haben zwar kein Ortungsgerät hier", sagte Kiki, „aber hoffentlich können unsere Freunde uns helfen ..."

Kapitel 4
EIN FINSTERER PLAN

„Aber wie finden wir zurück zur *Kolumbus?*", fragte Kiki. „Ohne das GPS meiner Kamera habe ich keine Ahnung, wo wir sind!"

Kiki beobachete, wie Olli die Landkarte und den Kompass aus dem Rucksack hervorkramte. Mit dem Kompass bestimmte er ihre Position. Dann zeichnete er einige Bleistiftlinien auf die Karte.

„Ich würde sagen, wir sind ungefähr hier." Olli deutete auf die Stelle, an der sich die Linien trafen.

„Wow!", staunte Kiki. „Wir sind ganz schön weit weg von der Landebahn. Und was sind das für Gebäude?"

Das sollten sie bald herausfinden!

Während sie durch den Regenwald wanderten, fielen Olli zahlreiche Bäume auf, die alle ordentlich in Reih und Glied standen. Wie seltsam. Er winkte Kiki herbei. Dann wurde ihm urplötzlich klar, was sie da vor sich hatten.

„Das ist eine der Palmölplantagen, von denen Jamal erzählt hat!", rief er.

Oh nein! Vor ihnen erstreckten sich Hunderte Reihen von Ölpalmen. Olli war schockiert, wie sehr sich die Plantage vom Regenwald unterschied. Hier wuchsen nur Ölpalmen und fast keine anderen Pflanzen. Es gab keine Artenvielfalt und kaum Tierspuren. Mit einem Wort: Es war die reinste Monokultur.

Der Regenwald war ein wundervolles Durcheinander und voller Leben gewesen. Diese stillen, ordentlichen Ölpalmreihen, die nun dort wuchsen, wo einst der Regenwald gewesen war, boten einen traurigen Anblick. Sie waren der Grund dafür, dass die Tiere in der Auffangstation ihr Zuhause verloren hatten und in das Naturschutzgebiet gebracht worden waren.

Am Rand der Plantage waren einige grellgelbe Planierraupen geparkt. Ihre Schaufeln zeigten in Richtung des Regenwalds. Kiki und Olli traten näher, um sie sich genauer anzusehen. In dem Moment hörten sie plötzlich Stimmen. Sie kamen in ihre Richtung.

„Schnell, Kiki, versteck dich!", zischte Olli.

Sie kauerten sich neben die schlammigen Ketten der nächstbesten Planierraupe und lugten vorsichtig um die Ecke.

Die Stimmen gehörten zu zwei Männern und einer Frau. Sie hatte ihr langes blondes Haar zu einem Pferdeschwanz zusammmengebunden und trug ein schickes Kostüm.

In der Hand hielt sie ein Tablet. Ein Mann in Jeans und T-Shirt hatte ein Klemmbrett unter dem Arm. Der Dritte im Bunde trug einen teuren Anzug und eine Sonnenbrille, in der Hand hielt er ein Smartphone. Er schien der Anführer zu sein, denn er schrie herum, während sie zwischen den Ölpalmen umherliefen. „Und du bist wirklich sicher, dass wir heute Abend um 18 Uhr anfangen können?"

„Es fehlen nur noch ein paar Genehmigungen", sagte der Mann mit dem Klemmbrett.

„Na, dann kümmere dich endlich darum. Sind wenigstens die Schilder für die Rodungszone aufgestellt? Nicht dass die Männer die falschen Bäume fällen. Das steht ja sonst sofort in der Zeitung."

„Ist erledigt", sagte die Frau. „Kopf hoch, Boss. Bald können Sie die Palmölproduktion um 50 Prozent steigern. Dann sind Sie reich!"

„Als ob ich das nicht jetzt schon wäre!", motzte der Plantagenbesitzer. „Aber ich feiere natürlich erst, wenn alles in trockenen Tüchern ist!"

Olli und Kiki sahen sich entsetzt an.

„Sie holzen noch mehr Regenwald ab!", flüsterte Olli. „Sie fangen heute noch an!"

„Wir müssen sie aufhalten!", forderte Kiki.

„Ja! Aber wie?"

„Allein geht das nicht", gab Kiki zu. „Die anderen Forscher-Kids müssen uns helfen."

Olli nickte. „Zurück zur *Kolumbus*!"

Zum Glück gingen der Plantagenchef und seine Angestellten nicht in ihre Richtung.

So erwischen sie uns wenigstens nicht, dachte Olli. Er griff nach dem Kompass, um den Weg zur Landebahn zu suchen. Doch durch die schwüle Hitze waren seine Hände schweißnass und der Kompass entglitt ihm. Beim Versuch, ihn aufzufangen, stieß Olli das Gerät gegen die Planierraupe. Ein lautes ***KLOOONNNGGG*** ertönte.

„Was war das?", blaffte der Plantagenboss und blieb wie angewurzelt stehen.

Die Frau spähte um die Frontschaufel der Planierraupe herum und zog entsetzt die Augenbrauen hoch. „Spione!", schrie sie.

Die beiden Männer eilten zu Ollis und Kikis Versteck. Der Boss schäumte vor Wut.

„Das sind doch nur ein paar Kinder", knurrte er. „Schnappt sie euch! Sie werden sich wünschen, dass sie nie hier gewesen wären!"

„Lauf!", schrie Olli seiner Freundin zu.

Schnell griff er nach dem Kompass. Diesmal würde er ihn gut festhalten! Kiki sprintete schon in den Regenwald und Olli folgte ihr dicht auf den Fersen.

Wütendes Geschrei und die stampfenden Schritte ihrer Verfolger hallten durch den Regenwald.

Die Vegetation wurde immer dichter. Bald schon reichten die Farne und Büsche ihnen fast bis zur Hüfte. Trotzdem blieben die Erwachsenen Olli und Kiki dicht auf den Fersen, da sie deren Weg anhand der Schneise zwischen den Pflanzen gut erkennen konnten.

„In welche Richtung?", keuchte Kiki, als sie eine besonders dichte Stelle erreichten.

Um auf die Landkarte zu sehen, blieb keine Zeit, aber Olli hatte sie sich gut eingeprägt. Er wusste, dass es in der Nähe einen Fluss gab und sie die *Kolumbus* erreichen würden, wenn sie seinem Lauf folgten.

„Nach links!", keuchte er. Sie umrundeten die Bäume und eilten halb rennend, halb schlitternd einen Abhang hinunter.

Olli verlor beinahe das Gleichgewicht, aber Kiki packte ihn am Arm und hielt ihn gerade noch rechtzeitig fest.

Hoffentlich würden die Erwachsenen ihnen nicht in dieses gefährliche Gelände folgen. Doch ein Blick über seine Schulter verriet Olli, dass sie immer noch hinter ihnen waren – und näher kamen!

„Wir müssen sie endlich abschütteln!", schnaufte er.

Die Bäume standen auf einmal weit weniger dicht. Olli erkannte schnell warum. Sie hatten den Fluss erreicht! Er war breit und schlammig braun und über den Felsen im Flussbett kräuselte sich das Wasser. Bunt gefiederte Vögel flogen kreischend auf, als Olli und Kiki auf das Ufer zu rannten.

„Sieh nur!", rief Olli und zeigte auf einen großen Schlammhaufen. Um eine Öffnung ins Innere waren Blätter aufgehäuft.

„Was ist das?", japste Kiki.

Olli sah sich um. Ihre Verfolger waren nicht zu sehen, aber die Rufe wurden lauter.

„Das ist das Nest eines Salzwasserkrokodils“, sagte Olli. „Wahrscheinlich liegen dort Eier. Im Fluss gibt es also Krokodile.“

„Oh nein“, stöhnte Kiki. „Erst müssen wir durch den ganzen Matsch rennen und jetzt gibt es hier auch noch Krokodile?“

Olli kam rutschend zum Stehen. Er hatte ein paar Felsbrocken entdeckt, die aus dem Wasser ragten. Sie ergaben einen kniffligen, aber überquerbaren Pfad durch den Fluss.

Doch im flachen Wasser waren noch weitere Gebilde, schuppige Formen mit dicken Schwänzen und langen Schnauzen. Sie lagen so still da, dass man sie für Baumstämme halten könnte – bis es zu spät wäre.

Kiki schluckte. „Du hast recht. Da sind tatsächlich Krokodile im Wasser! Nur schade, dass wir sie nicht darum bitten können, die Typen hinter uns aufzuhalten."

„Vielleicht doch", murmelte Olli. „Du hast mich gerade auf eine Idee gebracht. Lass uns schnell den Fluss überqueren."

Kiki zögerte. „Meinst du wirklich?"

Da stürmten die drei Plantagenmanager hinter ihnen aus dem Wald.

„Vergiss, was ich gesagt habe", sagte Kiki. „Machen wir's!"

Vorsichtig setzte Kiki einen Fuß auf den ersten Stein. Als sie sicher war, das Gleichgewicht halten zu können, machte sie einen großen Schritt zum nächsten.

Die Krokodile waren nur wenige Meter entfernt und die wütenden Erwachsenen rannten am Ufer entlang.

Olli holte tief Luft und setzte den Fuß mit einem riesigen Schritt nach vorn …

Kapitel 5

KNAPP NICHT GESCHNAPPT

Langsam und mit ausgestreckten Armen setzten Olli und Kiki ihren Weg über den Fluss fort. Olli wäre am liebsten gerannt, aber ein einziger Fehltritt würde ihn zu den Krokodilen ins Wasser befördern.

Nervös schaute er zu den Krokodilen hinunter. Sie hatten sich noch nicht bewegt … bis jetzt.

In der Zwischenzeit hatten die drei Erwachsenen aufgeholt. Auch sie schlitterten nun die Böschung hinunter und wichen den herabhängenden Zweigen aus.

Der Anführer schrie: „Da sind sie! Schnappt sie euch!“

Mit einem letzten Satz landete Kiki am anderen Flussufer. Sie streckte Olli den Arm entgegen. Er ergriff ihre Hand und sprang. Er schnaufte vor Erleichterung, wieder festen Boden unter den Füßen zu haben.

„Sie entwischen, ihr Vollpfosten!“, brüllte der Boss. „Nun steht doch nicht so da, als würdet ihr Fliegen fangen. Verfolgt sie!“

„Höchste Zeit, die Krokos aufzuwecken“, sagte Olli.

„Wir müssen etwas ins Wasser werfen!"

Kiki sah sich um und verzog das Gesicht. „Ich rieche Durian. Diesen Gestank würde ich überall erkennen. Sieh mal dort!"

Sie rannten zu einem Durian-Baum und rissen so viele stachelige, stinkende Früchte herunter, wie sie tragen konnten. Hastig schälten sie sie und warfen das Fruchtfleisch auf die drei Erwachsenen, die am anderen Ufer standen.

„Ha! Daneben!", schrie der Klemmbrett-Mann, als ein Klumpen an ihm vorbeiflog.

„Sie haben die Krokodile noch nicht bemerkt", wisperte Olli.

Kiki grinste. „Dein Plan funktioniert."

Hochmütig betrat der Klemmbrett-Mann den ersten Stein, die Frau folgte ihm. Neben ihm klatschte ein Stück Durian in den Fluss.

Dort regten sich die Krokodile.

Gelbe Augen mit geschlitzten Pupillen öffneten sich. Lange Schwänze peitschten das Wasser auf.

Beide schrien auf und sprangen zurück ans Ufer.

Ein Krokodil schnellte hervor und ließ sein riesiges Maul mit einem lauten Knall genau dort zuschnappen, wo der Mann gerade noch gestanden hatte.

„Das ist mal eine Beißkraft“, staunte Kiki.

„Der stärkste Biss im gesamten Tierreich“, wusste Olli.

„Nun fangt sie endlich!“, brüllte der Boss jetzt wieder. „Was ist denn los mit euch?“

Der Mann mit dem Klemmbrett drängte sich an ihm vorbei und schrie: „Da gehe ich nicht rein, nicht für alles Geld der Welt!“

„Ich auch nicht!“, rief die Frau und floh wie ihr Kollege.

Fluchend drehte sich der Boss wieder um. Da erst bemerkte er die Krokodile. Doch die wachsamen Tiere hatten ihn längst erspäht.

Langsam, aber zielstrebig schoben sie sich das schlammige Ufer hinauf.

Der gemeine Plantagen-
boss machte auf dem Absatz kehrt und verschwand zwischen den Bäumen.

„Gut gemacht, Olli“, bemerkte Kiki. „Dein Plan war perfekt! Es gibt da nur ein klitzekleines Problem ...“

Kiki hielt ihre klebrigen, stinkenden Hände hoch. So gut es ging, wischten sie sie mit ein paar Blättern sauber.

„Komm“, sagte Olli und holte seinen Kompass hervor. „Wir müssen zur *Kolumbus* zurück und die Forscherzentrale anrufen. Unsere Freunde dort wollen sicher mehr über unsere Mission wissen. Und dann werden sie uns helfen, Mango zu finden!“

Der Fluss war ein guter Orientierungspunkt auf ihrem Weg durch den Regenwald. Mithilfe von Ollis Karte und Kompass standen sie bald wieder auf der Landebahn.

Die *Kolumbus* gab ein erleichtertes **PIEP** von sich, als die beiden Forscher-Kids an Bord des Motorseglers kletterten.

Kiki tätschelte die Konsole. „Ich freue ich auch, dich wiederzusehen, *Kolumbus*."

Olli schaltete den Kommunikationsbildschirm ein. „Olli und Kiki an die Forscherzentrale! Wir brauchen eure Hilfe."

Sofort erschienen die anderen Forscher-Kids auf dem Bildschirm. „Schießt los", sagte Connor. „Wie können wir euch helfen?"

„Ein Affe hat meine Kamera gestohlen, die mit dem Internet verbunden ist", sagte Kiki. „Man kann sie also aufspüren, richtig? Als würde man ein verlorenes Handy orten."

„Na klar!“, rief Lea. „Zu den Stationen, Leute. Finden wir diesen frechen Affen!“

Blitzartig eilten die Kinder in der Forscherzentrale an ihre Computer. Kiki erklärte ihnen genau, was sie zu tun hatten.

Eine Zeit lang herrschte Stille, die nur von digitalen Pieptönen und Tastengeklapper unterbrochen wurde. Dann ...

„Ich habe das Signal!“, rief Roshni.

„Großartig!“, jubelte Olli in der *Kolumbus*.

Doch dann runzelte Roshni die Stirn. „Moment. Das Signal ist wieder weg.“

„Hier ist es!“, schrie Cheng.

Alle drängten sich um ihn. Aber wieder verschwand das Signal.

In der *Kolumbus* beugte sich Kiki über ihren Bildschirm. „Leute, ich glaube, ich weiß, was das Problem ist. Der Empfang ist in diesem Teil von Borneo wirklich grottenschlecht. Das Signal ist nicht stark genug, um es zu verfolgen."

Sie lehnte sich enttäuscht in ihrem Sessel zurück und seufzte schwer. „Ich war mir so sicher, dass diese Idee funktionieren würde. Ich weiß nicht, was wir sonst noch tun können. Ich komme mir vor, als würden wir Mango im Stich lassen!"

Olli umarmte sie. „Wir versuchen es einfach weiter."

Auf einmal sagte Gustavo: „Hey, schaut euch das an. *Ollis grüne Welt* wird gerade aktualisiert!"

Alle schauten wie gebannt auf Ollis Blog. Tatsächlich war eine neue Reihe hochgeladener Fotos aufgetaucht. Olli und Kiki erkannten die Aufnahmen, die Kiki im Naturschutzgebiet gemacht hatte, aber die merkwürdigen Bilder, die danach folgten, sahen sie zum ersten Mal. Sie waren alle aus seltsamen Winkeln aufgenommen, als hätte die Fotografin nicht genau gewusst, was sie tat.

Olli sah ganz genau hin. Da war ein Fluss, eine Felsformation, die aussah wie ein Zwergelefant, und eine Orang-Utan-Familie hoch oben in den Baumwipfeln. Den Abschluss bildete ein großes fröhliches Gesicht, das neugierig in die Kamera starrte.

Kiki lachte los. „Das ist Mango! Und seht nur, sie hat da draußen noch andere Orang-Utans gefunden. Sie muss diese Bilder aus Versehen gemacht haben. Die Kamera hat sie dann einfach weiter hochgeladen!"

Die *Kolumbus* gab ein amüsiertes **PIEP-PIEP-PIEP** von sich.

Auch Olli prustete los, er konnte direkt in Mangos Nasenlöcher schauen. „Ich habe ja selbst schon ziemlich alberne Selfies gemacht, aber Mango übertrifft wirklich alles. Diese Fotos sind echt schräg!"

„Nur schade, dass sie uns nicht sagen kann, wo sie ist." Kiki war wieder ernst.

Olli schaute noch einmal die anderen Fotos durch. Dann rief er plötzlich ganz aufgeregt: „Vielleicht hat sie das bereits getan!"

„Wie meinst du das?", fragte Kiki.

„Überleg doch mal. Sie hat uns eine Spur hinterlassen!“, erklärte Olli. „Wir müssen nur die Orte finden, die auf den Fotos auftauchen. Das wird uns direkt zu Mango führen!“

Kapitel 6

DICHT AUF DEN FERSEN

Zurück im Regenwald standen Olli und Kiki vor dem Felsen, der aussah wie ein Zwergelefant. Olli verglich ihn mit einem von Mangos Fotos auf seinem Tablet.

„Es ist definitiv der Fels auf dem Bild", sagte er. „Siehst du den Rüssel? Und den Moosfleck, der aussieht wie ein Auge? Ich bin mir sicher, dass Mango hier war."

Kiki schnüffelte. „Kannst du auch Mangos stinkigen Lieblingssnack riechen?“

Tatsächlich, am Fuße des Elefantenfelsens lag eine halbe, zerkaute Durianfrucht!

Olli nickte. „Wir sind Mango auf der Spur, daran gibt es keinen Zweifel. Mal sehen, wohin sie als Nächstes gegangen ist ...“

Er wischte zum nächsten Foto. Das Bild war zwar verschwommen und in einem komischen Winkel aufgenommen, aber er erkannte dennoch eine große rote Blume mit hellen Sprenkeln.

„Eine Rafflesie“, sagte Olli.

Kiki runzelte die Stirn. „Wie sollen wir denn in diesem riesigen Regenwald eine einzige Blume finden?“

Olli grinste. „Zufällig ist das die größte Blume der Welt. Und sie stinkt nach verdorbenem Fleisch!“

Sie eilten suchend und schnüffelnd weiter, bis Kiki stehen blieb. Sie rümpfte die Nase. „Igitt! Ich glaube, ich habe sie gefunden!“

Sie folgten weiter dem grässlichen Gestank, bis sie abrupt und voller Staunen vor einer absonderlichen Pflanze innehielten. Die Blüte war über einen Meter breit!

„Wow“, sagte Kiki beeindruckt. „Aber warum stinkt sie so furchtbar?“

„Der Geruch lockt Fliegen an, die sie bestäuben.“ Olli sah sich um. Im Baum neben ihm waren einige Zweige kahl.

„Mango war eindeutig hier“, befand er. „Sie hat zum Glück immer noch Appetit, das ist ein gutes Zeichen.“

„Aber jetzt ist sie nicht mehr hier! Wo kann sie nur sein?“, stöhnte Kiki.

Den beiden blieb nichts anderes übrig, als weiterzusuchen. Sie fanden den Bach von Mangos Foto, aber sie selbst war nirgends zu sehen. Das nächste Bild zeigte etwas, das aussah wie ein fusseliges orangefarbenes Stück Holz.

„Ist das ein Orang-Utan-Bein?“, fragte Kiki.

„Nein“, lachte Olli. „Das ist ein Pelawan-Baum. Sie haben eine grell orangerote Rinde. Zwischen all diesen anderen Bäumen müsste ein Pelawan auffallen wie ein bunter Hund.“

Olli hatte recht. Den Pelawan fanden sie ohne Probleme. Aber Mango war nicht dort und es war nur noch ein Foto übrig. Auf dem Bild sah man nur eine Lichtung – ganz ohne besondere Anhaltspunkte.

Olli und Kiki schauten sich das Foto noch einmal ganz genau an.

„Das sind Mangrovenbäume", sagte Olli. „Sie mögen sumpfiges, salziges Wasser."

„Ich glaube, ich kann den Sumpf schon riechen!" Kiki verzog das Gesicht.

„Ich auch. Ah, das erfrischende Aroma von Schlamm und verfaulenden Pflanzen", sagte Olli grinsend. „Los geht's!"

Es war wirklich leicht, die Mangroven zu finden, man musste nur ihrem Geruch folgen.

Der Boden unter ihren Füßen wurde immer weicher, bis der matschige Schlamm über Ollis Wanderschuhe reichte.

Die Baumwurzeln ragten wie Schnorchel aus dem Wasser. Auf diese Weise holten sie Sauerstoff, denn im stinkenden Schlamm gab es wenig davon. Unter den herabhängenden Mangrovenzweigen blickte Olli um sich.

„Ich finde keine weiteren Spuren. Du?"

Kiki schüttelte ratlos den Kopf. „Nichts. Keine Durian, keine kahlen Äste, nicht einmal einen Fußabdruck!"

„Und die Fotos sind uns auch ausgegangen." Müde und enttäuscht hockten sie sich auf einen umgestürzten Baumstamm und überlegten, wohin Mango als Nächstes gegangen sein könnte.

„Komm schon, Olli. Denk nach!", feuerte er sich selbst an. „Sie kann ja nicht einfach spurlos verschwunden sein! Wenn ich an Mangos Stelle auf dieser Lichtung wäre, was würde ich dann tun?"

Die Worte kreisten in seinem Kopf. *Auf dieser Lichtung …*

Olli sprang auf.

„Kiki, hältst du es für möglich, dass wir Mangos nächste Station nicht finden können, weil sie ... vielleicht immer noch hier ist?"

Kikis Mund formte ein stummes „O". Langsam richteten die zwei Forscher-Kids den Blick nach oben zu den Ästen der Mangroven. Das dichte Laub machte es unmöglich zu erkennen, ob das Orang-Utan-Mädchen sich dort irgendwo versteckte.

Doch dann schwankte plötzlich ein Ast heftig auf und ab, als würde etwas darauf wippen.

„Wenn sie da oben ist, müssen wir sie irgendwie runterholen", sagte Kiki.

„Wir versuchen, sie anzulocken", schlug Olli vor. „Wir legen einfach was Leckeres auf den Stein, vielleicht wird sie dann neugierig."

„Gute Idee! Aber wir haben nichts Süßes wie Mangos oder Feigen für sie. Nicht einmal eine stinkige Durian."

Olli stöhnte. „Hätte ich vorhin bloß ein paar Früchte mitgenommen."

Kiki schnippte mit den Fingern. „Das ist es! Mango stibitzt doch unheimlich gern Dinge. Krimskrams, den sie als Werkzeug verwenden kann ..."

„Wie deine Kamera." Olli nickte.

„Dann legen wir ihr ein Werkzeug hin. Vielleicht kommt sie runter und holt es sich!"

Sie kramten in ihrer Ausrüstung von der *Kolumbus* nach etwas, das Mango gefallen könnte. Sonnencreme kam nicht infrage – Mango könnte versuchen sie zu fressen. Das Tablet war zu zerbrechlich.

Schließlich fand Olli ganz unten in seiner Tasche einen leuchtend gelben Bleistift.

„Wie wäre es hiermit?“

Kiki nickte. „Versuchen wir's.“

Dann verkündete Olli laut: „Ich lege jetzt mal dieses sehr interessante Ding hier auf

diesen Baumstamm“, während er genau das tat. „Hoffentlich wird es nicht gestohlen!“

Rasch gingen er und Kiki in Deckung. Nun musste Mango nur noch neugierig sein ...

Zuerst passierte gar nichts. Olli fragte sich schon, ob Mango vielleicht doch weitergezogen war und sie hier ihre Zeit verschwendeten. Aber gerade als er aufgeben wollte, raschelte es in den Ästen über ihnen.

Ein neugieriges kleines Orang-Utan-Gesicht lugte zwischen den Blättern hindurch. Kiki drückte Ollis Arm und die Freunde sahen sich aufgeregt an.

Da war Mango!

Aber würde sie sich wirklich für den Bleistift interessieren? Olli und Kiki hielten die Luft an.

Zu ihrer riesigen Erleichterung kletterte Mango vom Baum herunter. In der einen

Hand hielt sie noch immer Kikis Kamera. Mit der anderen nahm sie den Bleistift, drehte ihn hin und her und studierte ihn aufmerksam.

„Ich glaube, er gefällt ihr“, flüsterte Olli.

Dann begann Mango, mit dem Bleistift in den Baumstamm zu piksen. Wieder und wieder.

Kiki starrte fasziniert. „Was macht sie denn da?“

„Sie gräbt Insekten unter der Rinde hervor“, erklärte Olli. „So ein harter, spitzer Bleistift ist als Werkzeug dafür perfekt geeignet.“

Mango schien es genauso zu sehen. Sie klaubte eine Handvoll sich windender Käfer vom Baumstamm und verspeiste sie genüsslich.

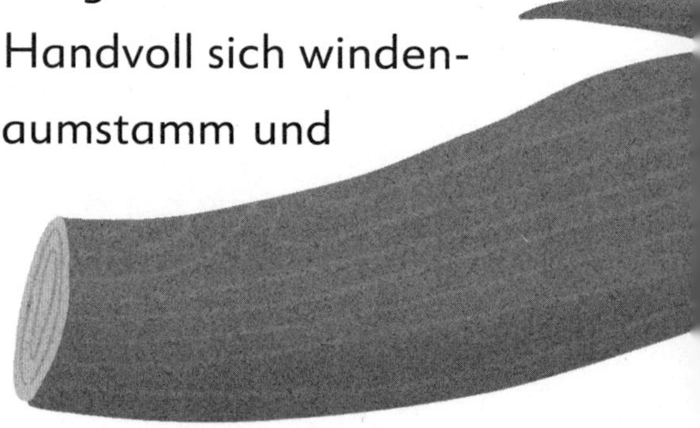

Olli und Kiki strahlten einander an.

Endlich hatten sie Mango gefunden!

Jetzt mussten sie nur noch dafür sorgen, dass die Kleine sicher nach Hause fand …

Kapitel 7
EINE VERZWEIFELTE BITTE

Kiki und Olli fassten einen Plan. Dafür brauchten sie Mangos Lieblingsfrucht, doch statt einem Mangobaum fanden sie nur einen Feigenbaum. Sie pflückten so viele saftige, klebrige Früchte, wie sie unterbringen konnten, und stopften sie in sämtliche Jackentaschen, Kikis Beutel und sogar in die Kapuze der Regenjacke!

„Mehr geht nicht“, befand Olli schließlich.

„Dann lass uns anfangen“, sagte Kiki.

Sie legten eine Feige in die Nähe der Mangrovenbäume, gingen ein paar Schritte und legten dann eine weitere auf den Boden. So ergab sich allmählich eine Spur aus Feigen.

Olli lief zurück zu dem umgestürzten Baumstamm, wo der kleine Orang-Utan weiter Insekten ausgrub. „Hier entlang, Mango!“, rief er. „Zeit für ein besonderes Leckerli!“

Ohne aufzusehen, fraß Mango weiter ihre Käfer. Aber dann hielt sie inne und schnupperte.

Jetzt, da ich wieder in ihrer Nähe bin, riecht sie den Feigensaft an meinen Händen, begriff Olli. *Ich muss sie hinter mir her locken.*

Er rannte zur ersten Feige auf dem Weg und Mango folgte ihm. Sie gab entzückte Schreie von sich und stopfte sich die Frucht in den Mund. „Es funktioniert!", jubelte Olli.

„Na los, Mango!", rief Kiki. „Wo die herkommt, gibt es noch viel mehr!"

Mithilfe von Landkarte und Kompass führte Olli sie sicher durch den Regenwald. Kiki sorgte dafür, dass Mango ihnen weiter folgte. Sie musste nur hin und wieder eine Feige fallen lassen und schon kam Mango mit.

Doch das kleine Orang-Utan-Mädchen fraß nicht alle Früchte. Einige warf es achtlos beiseite, mit anderen spielte es. Aber es beschnupperte jede einzelne.

„Man hätte sie auch Feige nennen können, findest du nicht?", witzelte Olli.

Kiki nickte und legte zwei Feigen auf einmal auf den Weg. „Ich kann mir nicht vorstellen, dass noch jemand auf der Welt so gerne Feigen isst." Endlich legte Mango Kikis Kamera auf den Waldboden, um mit jeder Hand eine Feige greifen zu können.

Erleichtert schnappte Kiki ihre Kamera.

Nach einer Weile waren sie endlich zurück in der Auffangstation, wo die Freiwilligen noch immer die Gebäude und Gehege nach dem Orang-Utan absuchten. Als sie Mango erblickten, brachen alle in tosenden Applaus aus.

„Da ist sie!", rief Jamal. „Ihr habt es geschafft! Ihr habt es wirklich geschafft!"

Olli und Kiki waren plötzlich von unzähligen Leuten umringt, die ihnen auf die Schulter klopfen oder sie abklatschen wollten. Alle waren froh und erleichtert.

Doktor Faridah besah sich Mango und stieß einen leisen Pfiff aus. „Du hast wohl ein ziemliches Festmahl hinter dir, was? Dein Bäuchlein ist ja ganz schön rund."

Mango sah schläfrig blinzelnd zu ihm auf.

Der Tierarzt nahm sie sanft auf den Arm. „Das war wohl genug Abenteuer für einen Tag. Mal sehen, ob es dir gut geht."

Während Doktor Faridah Mango untersuchte, berichteten Olli und Kiki Jamal alles über ihr Abenteuer im Regenwald. Als sie die Palmölplantage erwähnten, sah Jamal sie entsetzt an. „Sie wollen noch mehr Regenwald zerstören? Und sie fangen heute Abend um sechs Uhr an? Wie können sie nur?"

Olli nickte düster und seufzte. „So etwas gehört wirklich verboten."

„Es ist illegal, in den Gebieten Bäume zu fällen, wo Orang-Utans leben", erklärte Jamal. „Wenn wir Beweise dafür hätten, dass es in diesem Teil des Waldes Orang-Utans gibt, könnten wir ihn vielleicht retten."

„Aber die haben wir!" Kiki sprang auf.

„Du hast recht!", rief Olli, als ihm klar wurde, wovon Kiki sprach. Er schaute auf seine Uhr. Halb sechs. „Wir können es noch schaffen! Wir müssen so schnell wie möglich zur Plantage zurück!"

Kiki, Olli und Jamal rannten zur *Kolumbus* und stiegen ins Cockpit. Olli startete den Motor, ergriff das Steuerruder und gab Gas.

Der Propeller dröhnte, als das Flugzeug vorwärts schoss und Fahrt aufnahm. Kurz darauf verließen die Räder den Boden und die *Kolumbus* gab einen entschlossenen Fanfarenstoß von sich – ***TÄRÄTÄTÄÄÄ***!

Olli ließ das Flugzeug höher und höher kreisen, bis die Plantage unter ihnen auftauchte. Sofort stellte er den Motor ab und ließ die *Kolumbus* lautlos nach unten segeln. Unter ihnen erstreckte sich der wunderschöne Regenwald, uralt und doch so empfindlich und in großer Gefahr. In diesem Moment gab Olli sich selbst ein stilles Versprechen: Er würde den Regenwald beschützen, für Mango und alle anderen Tiere darin.

Kiki zeigte auf eine Landebahn neben den Plantagengebäuden. Olli startete den Motor erneut und brachte die *Kolumbus* mit quietschenden Reifen zu Boden. Er schaute auf die Uhr. Ihnen blieben nur noch zehn Minuten, um den Regenwald zu retten!

Sobald die *Kolumbus* gestoppt hatte, stiegen alle aus und rannten zu der Stelle, an der zuvor die Planierraupen geparkt hatten.

Kikis und Ollis Verfolger von vorhin redeten gerade mit einer Frau in einem Hosenanzug. Sie trug ein offiziell aussehendes Namensschild und hielt einen Stapel Papiere in der Hand.

Als der Plantagenboss die Kinder kommen sah, schrie er voller Wut: „Die haben hier herumgeschnüffelt! Schafft sie mir bloß aus den Augen!“

„Gibt es ein Problem?“, fragte die Frau irritiert. Olli vermutete, dass sie wahrscheinlich für irgendeine Behörde arbeitete. Das wäre die Lösung!

„Nein, nein, es ist alles in bester Ordnung, Frau Lau“, wiegelte der Boss scheinheilig ab. Dann wandte er sich um und rief: „Männer, der Papierkram ist erledigt. Schmeißt die Bulldozer an!“

„Warten Sie!“ Ollis Stimme übertönte den Krach der Planierraupen. Er rannte auf die erschrockene Beamtin zu. „Sie dürfen nicht zulassen, dass dieser Regenwald zerstört wird. In diesem Gebiet leben Orang-Utans und wir können es beweisen!“

Frau Lau sah den Chef mit strenger Miene an. „Wenn es stimmt, was dieser Junge sagt, dürfen Sie die Arbeit hier auf keinen Fall fortsetzen.“

„Hier gibt es keine Orang-Utans!“, zischte der Boss.

„Ach nein?“, fragte Kiki und trat mutig mit ihrer Kamera vor. Sie zeigte der fassungslosen Beamtin die vielen Fotos, die Mango auf ihrem Ausflug durch den Regenwald geschossen hatte.

„Sehen Sie? Da draußen lebt eine ganze Orang-Utan-Familie! Das ist der Beweis, den Sie brauchen!“

Der Chef brach in hämisches Gelächter aus. „Netter Versuch, Kleine, aber das funktioniert nicht. Diese Fotos stammen ganz offensichtlich aus der Auffangstation."

Kiki deutete triumphierend auf die Ecke des Fotos, auf dem ihre Kamera die GPS-Koordinaten für jede Aufnahme anzeigte.

„Das stimmt nicht. Diese Koordinaten beweisen, dass die Fotos genau hier aufgenommen wurden!" Noch einmal wandte sie sich an die Beamtin und beteuerte: „Hier leben wirklich Orang-Utans."

Frau Lau studierte die Fotos aufmerksam.

Olli, Kiki und Jamal warteten mit wild klopfenden Herzen. Das Schicksal des Regenwalds stand auf dem Spiel! Waren sie wirklich so weit gekommen, nur um jetzt zu scheitern?

Kapitel 8

IN LETZTER SEKUNDE

Frau Lau schaute von Kikis Kamera auf. „Die GPS-Koordinaten sprechen für sich", sagte sie. „Dieses Gebiet ist eindeutig ein Orang-Utan-Habitat und Sie haben nicht das Recht, es abzuholzen. Stellen Sie diese Maschinen sofort ab!"

„Aber ... aber meine Pläne", stammelte der Plantagenboss. „Das schöne Geld ..."

„Ihr Antrag auf Abholzungsgenehmigung ist mit sofortiger Wirkung abgelehnt“, sagte Frau Lau. Sie nahm die Papiere vom Klemmbrett und riss sie mittendurch.

Der Boss und seine Komplizen bauten sich wütend vor den Kindern auf. „Ihr unverschämten Rotzgören!“, brüllte er. „Habt ihr auch nur die geringste Vorstellung davon, was ihr angerichtet habt?“

Jamal grinste und legte Olli und Kiki die Arme um die Schultern.

„Und wie sie die haben!“, jubelte er. „Sie haben nämlich den Regenwald gerettet! Und eine Orang-Utan-Familie gleich mit!“

Gemeinsam und wie auf Wolken gingen die Kinder zur *Kolumbus* zurück.

Olli war heilfroh, dass er sein Versprechen hatte halten können. Natürlich war der eigentliche Kampf noch nicht gewonnen. Menschen bedrohten den Regenwald und seine Tiere nach wie vor, und das nicht nur auf Borneo, sondern auf der ganzen Welt. Aber zumindest dieses Gebiet war vorerst sicher.

„Mission erfüllt!“ Kiki lehnte sich glücklich in ihrem Sitz zurück. Die *Kolumbus* gab ein zustimmendes **PIEP** von sich.

„Sensationell, dass du an die Fotos mit den GPS-Koordinaten gedacht hast“, seufzte Olli leise. „Die Forschungszentrale sucht wirklich jedes Mal das richtige Team aus!“

Olli und Kiki flogen Jamal zur Auffangstation zurück und verabschiedeten sich von ihm und den anderen Freiwilligen.

„Danke, dass du uns alles gezeigt hast", sagte Olli.

„Die Tiere waren so toll!", fügte Kiki hinzu.

„Gern geschehen!", erwiderte Jamal. „Und auch von uns allen tausend Dank."

„Vor allem von Mango!“, rief Doktor Faridah. Das Orang-Utan-Mädchen reckte den Arm, als wollte sie zum Abschied winken.

Olli und Kiki winkten zurück und schon nachdem die *Kolumbus* sich dröhnend in die Luft erhoben hatte, war die Auffangstation nur noch ein winziger Fleck am Boden.

Der leuchtende Knopf auf dem Armaturenbrett, auf dem zu Beginn der Mission START gestanden hatte, zeigte jetzt die Aufschrift NACH HAUSE.

Olli drückte ihn und sofort schoss die *Kolumbus* vorwärts. Der blaue Himmel verwandelte sich wieder in einen Tunnel aus grellweißem Licht, das um sie herum strahlte und flackerte. Die *Kolumbus* taumelte, knackte und zitterte und veränderte noch während des Flugs ihre Gestalt. Die Steuerelemente verschwanden, die Glaskuppel zog sich zurück und schon bald war der moderne Motorsegler wieder das altbekannte schäbige und klapprige Gokart.

Das Licht verblasste. Als wären sie nie weg gewesen, standen Kiki und Olli wieder in der Forscherzentrale. Flink schnallten sie sich ab und kletterten aus ihrem Gefährt.

Die anderen Forscher-Kids rannten zu ihnen.

„Tolle Mission, Leute!", begrüßte Gustavo sie jubelnd.

„Ich fasse es nicht, dass ihr Mango und den Regenwald wirklich gerettet habt!"

„Ich auch nicht", sagte Lea, ihre Biologie-Expertin. „Das verdient doppeltes Lob."

„Und diese Krokodile!" Tamiko erschauderte. „Ich wette, so fühlt es sich an, wenn man vor Veloziraptoren fliehen muss."

„Und was habt ihr für die Ausstellungskästen mitgebracht?", fragte Cheng neugierig.

Olli schlug sich die Hand vor die Stirn. „Mist! Das habe ich völlig vergessen!" Er durchsuchte seine Taschen. „Wie wär's mit ... dieser zermatschten Feige?"

Alle lachten. „Lieber nicht", sagte Connor. „Die ist in ein paar Tagen verschimmelt."

„Keine Sorge!" Kiki, die Technikerin aus Leidenschaft, sprang auf. „Ich habe etwas viel Besseres!"

Sie flitzte zu den Computern und kam wenige Augenblicke später mit einem ausgedruckten Foto zurück. Es zeigte Mango, wie sie voller Übermut in die Kamera lächelte, während Olli und Kiki mit nervösen Gesichtern und den Händen voller Feigen hinter ihr standen.

Bei dem Anblick brachen alle Forscher-Kids in lautes Gelächter aus.

„Das muss sie gemacht haben, als wir sie nach Hause gelockt haben“, erklärte Kiki.

„Sie macht echt gute Fotos“, scherzte Olli. Dann öffnete er einen Glaskasten und stellte das Bild ins Regal. Es stand nun neben der römischen Münze, die Gustavo gefunden hatte, und einem Päckchen echter Astronautennahrung von Roshni.

Es war Zeit, nach Hause zu gehen. Olli ging zu der leuchtenden Tür, drehte sich noch einmal um und winkte seinen Freunden zum Abschied. „Tschüss, Kiki! Tschüss, alle zusammen! Bis zur nächsten Mission!“

„Hat Spaß gemacht mit dir!“, rief Kiki ihm lächelnd hinterher.

Olli nickte ihr zu. Dann trat er durch die Tür. Sofort spürte er, wie der heftige Wind sein Haar zerzauste. Wieder einmal umfing ihn ein greller, flackernder Lichtwirbel ...

... bis er wieder unter dem Eukalyptusbaum stand.

Er blickte nach oben. Dort saßen noch immer die Koalas kauend im Geäst. Wie so viele andere Wesen lebten sie im Einklang mit ihrer Umgebung.

Olli setzte sich und sah ihnen zu. In der Ferne rief ein Jägerliest. Der Gesang dieses großen Eisvogels klang wie leises Gelächter. Kängurus grasten auf den Hügeln am Horizont. In Olli breitete sich ein friedliches Gefühl von Dankbarkeit aus.

Hier in Australien war das Ökosystem genauso gefährdet wie der Regenwald auf Borneo. Es musste geschützt werden – nicht nur um der Pflanzen und Tiere willen, sondern auch für die Menschheit. Die Menschen mussten ihr Verhalten ändern, um zu überleben.

Es kam auf die jungen Leute an, sich dafür einzusetzen.

Überall, ob in den Ozeanen, an den eisigen Polen oder tief in den Wäldern: Die Erde barg so viele erstaunliche und faszinierende Pflanzen und Tiere. Sie brauchten jede Hilfe. Und die Forscher-Kids würden zur Stelle sein!

OLLIS NOTIZEN

DIE REGENWÄLDER BORNEOS

Borneo ist die drittgrößte Insel der Welt. Ihre tropischen Regenwälder sind die Heimat Tausender einzigartiger Pflanzen- und Tierarten.

DER AUFBAU DES REGENWALDS

Regenwälder setzen sich aus vier Schichten zusammen. Jede enthält andere Pflanzen- und Tierarten. Eine Tierart ist meistens nur in einer Schicht zu finden.

Emergenten (Übersteher)

In der obersten Schicht des Regenwalds ragen die höchsten Bäume aus dem Blätterdach heraus. Hier bauen viele tropische Vögel ihre Nester.

Kronendach

Das Kronendach ist die Schicht, in der am meisten Leben herrscht, von Affen und Fledermäusen bis zu Eidechsen und Schlangen.

Strauchschicht

Die Strauchschicht mit ihren vielen kleineren Bäumen und Sträuchern ist schattig und trocken. Hier leben Frösche, Ameisen, Schlangen und Termiten.

Urwaldboden

Der dunkle und feuchte Urwaldboden ist der ideale Lebensraum für Insekten und insektenfressende Säugetiere.

TIERE UND PFLANZEN

ORANG-UTAN

* **GRÖSSE:** bis zu 1,5 m
* **GEWICHT:** bis zu 100 kg
* **NAHRUNG:** Früchte, Eier, Insekten

Wissenswert: Die Armspanne eines Orang-Utans ist länger als seine Größe und hilft ihm dabei, beim Klettern Äste zu erreichen.

Orang-Utans sind die größten Baumtiere der Welt, aber ältere Männchen sind zu schwer, um hoch zu klettern, und halten sich deshalb meistens auf dem Urwaldboden auf.

ZWERGELEFANT

* **GRÖSSE:** bis 2,5 m
* **GEWICHT:** bis 3200 kg
* **NAHRUNG:** Gras, Blätter, Früchte

Wissenswert: Der Zwergelefant ist die kleinste Elefantenart der Welt. Man findet ihn nur in den Wäldern Borneos.

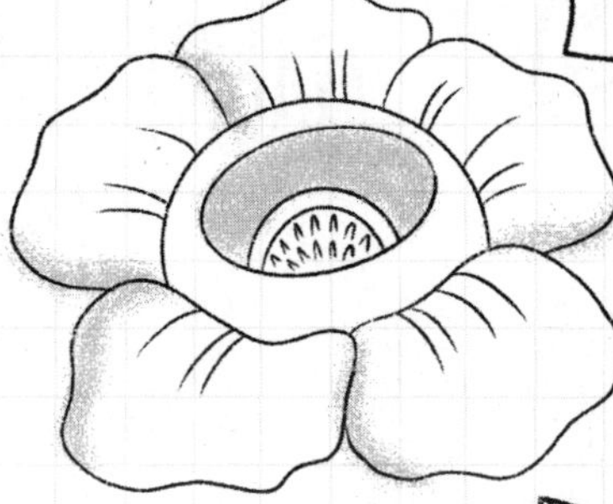

RAFFLESIE

Mit ihren einen Meter breiten Blüten ist die Rafflesie die größte Blume der Welt. Man nennt sie auch „Aasblume“, weil sie nach verwestem Fleisch riecht. Sie blüht nur ein paar Tage im Jahr.

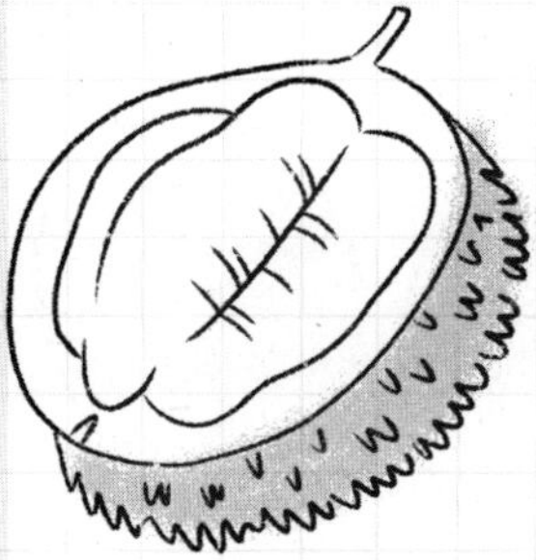

DURIANFRUCHT

Die Durian wird in einigen Teilen der Welt auch „Königin der Früchte“ genannt. Sie stinkt so sehr, dass sie in manchen Ländern Asiens in öffentlichen Verkehrsmitteln verboten ist. Trotzdem lieben dort viele Menschen ihren Geschmack.

KANNENPFLANZE

Die Blätter der Kannenpflanze sind unten geschlossene Röhren. Darin ist Nektar. Er lockt Insekten an, die dann oft ins Innere rutschen und ertrinken.

DAS PALMÖL-PROBLEM

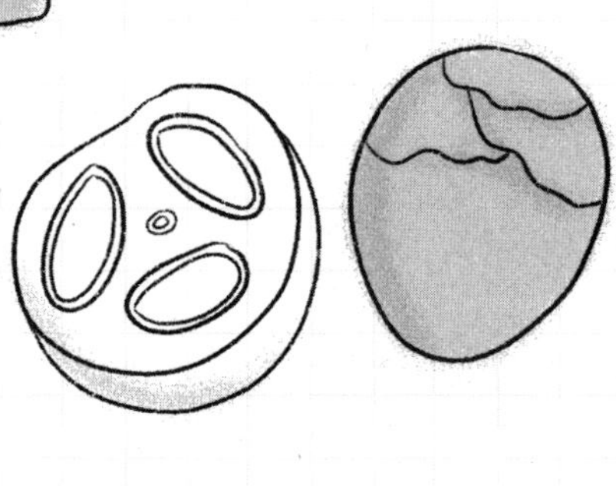

WAS IST PALMÖL?

Palmöl ist ein cremiges Öl, das aus den Früchten der Ölpalme gewonnen wird. Man stellt damit viele nützliche Dinge her, aber das hat schlimme Folgen für uns alle.

PLANTAGEN

Ölpalmen werden auf der ganzen Welt in riesigen Plantagen angebaut. Um dafür Platz zu schaffen, werden artenreiche Regenwälder gerodet. Durch die Monokulturen der Ölpalmen werden die Lebensräume zahlloser Tier- und Pflanzenarten zerstört.

WARUM MÜSSEN WIR REGENWÄLDER SCHÜTZEN?

Regenwälder sind nicht nur die Heimat Tausender Tier- und Pflanzenarten, sondern sie tragen auch viel dazu bei, dass die Erde gesund bleibt. Hier ein paar Beispiele:

* **Sauerstoff:** Regenwälder produzieren riesige Mengen Sauerstoff. Ihn brauchen wir zum Atmen. Man nennt den Regenwald deshalb auch die „grüne Lunge der Erde".
* **Wasserversorgung:** Die Bäume in Regenwäldern transportieren Wasser von der Erde in die Luft, wo es zu Regen wird.
* **Medizin:** Viele Medikamente werden aus Pflanzen hergestellt, die nur in Regenwäldern wachsen.

WAS KÖNNEN WIR TUN?

Palmöl ist in vielen Dingen zu finden, von Speiseöl und Schokolade bis hin zu Reinigungsmitteln und Lippenstiften. Wenn wir darauf achten, nur solche Produkte zu kaufen, die nachhaltig produziertes Palmöl enthalten, leisten wir einen wichtigen Beitrag.

Mehr als 15 Milliarden Bäume werden jedes Jahr gefällt.

QUIZ

1 Wie viele Schichten hat der Regenwald?

2 Was bedeutet „Orang-Utan“?

3 Auf welcher Insel findet die Mission von Olli und Kiki statt?

4 Welcher Baum ist berühmt für seine orangerote Rinde?

5 Richtig oder falsch: Orang-Utans können Werkzeuge benutzen.

6 Wie heißt die größte Blume der Welt?

7 Welche stinkende Frucht hilft den Forscher-Kids dabei, den Bösewichten zu entkommen?

8 Was wurde auf der Plantage angebaut?

SUCHE DIE FRÖSCHE!

In diesem Buch sind fünf Frösche versteckt. Kannst du sie finden?

So sehen sie aus!

Die Lösungen findest du auf Seite 127.

BEGRIFFE

ARTENVIELFALT
Die Vielfalt der Pflanzen- und Tierarten in einem Gebiet.

AUFFANGSTATION
Eine Art Tierheim für wild lebende Tiere, die ihr Zuhause verloren, sich verletzt haben oder ausgesetzt wurden.

BESTÄUBUNG
Die Übertragung von Pollen von einer Pflanze zur anderen, damit die Pflanze sich vermehren kann.

BLOG
Ein Online-Tagebuch mit Informationen oder Bildern, das regelmäßig aktualisiert wird.

DURIAN
Eine tropische Frucht, die für ihren sehr intensiven Gestank bekannt ist.

GPS
Ein System, das Menschen dabei hilft, ihren Standort genau zu bestimmen und sich zu orientieren.

HABITAT
Der Standort einer bestimmten Pflanzen- oder Tierart.

HORIZONT
Die Linie, an der die Erde (oder das Meer) den Himmel berührt.

ILLEGAL
Etwas, das verboten ist oder ohne Genehmigung geschieht.

JÄGERLIEST
Ein Vogel aus der Familie der Eisvögel. Er kommt in Australien, Neuseeland und Tasmanien vor.

KOORDINATEN
Eine Zahlengruppe, die einen Punkt oder Standort angibt.

KRONENDACH
Die obere Schicht des Regenwalds, in der am meisten Leben herrscht.

MANGROVENWALD
Mangrovenbäume können im seichten Salzwasser an der Meeresküste wachsen. Weil im schlammigen Untergrund kaum Sauerstoff ist, ragen ihre Wurzeln in die Luft.

MONOKULTUR
Der Anbau immer derselben Pflanzenart auf einer Bodenfläche.

NATURSCHUTZGEBIET
Ein Stück Land, in dem die dort lebenden Tiere und Pflanzen nicht gejagt oder geerntet werden dürfen.

ÖKOSYSTEM
Ein begrenztes Gebiet, in dem Pflanzen und Tiere miteinander und voneinander leben.

ORANG-UTAN
Großer, baumbewohnender Menschenaffe mit rötlichem Fell. Er lebt auf Borneo.

PALMÖL
Öl aus der Frucht der Ölpalme. Es ist sehr vielseitig anwendbar, wird aber oft nur wenig nachhaltig angebaut.

PLANTAGE
Eine Art große Farm, auf der Nutzpflanzen angebaut werden.

REGENWALD
Ein feuchtheißer, tropischer Urwald.

TREIBHAUSGASE
Gase in der Atmosphäre, die die Wärme der Sonne auf der Erdoberfläche festhalten und so zum Klimawandel beitragen. Ein Beispiel ist Kohlenstoffdioxid (CO_2).

Lösungen

1. Vier
2. Waldmensch
3. Borneo
4. Pelawan-Baum
5. Richtig
6. Rafflesie
7. Durian
8. Palmöl

Für Conall

Text for DK by Working Partners Ltd
9 Kingsway, London WC2B 6XF
Mit speziellem Dank an Adrian Bott

Gestaltung Collaborate Ltd, Sonny Flynn
Illustrationen Ellie O'Shea
Fachliche Beratung Derek Harvey
Lektorat James Mitchem, Sarah Larter
Herstellung Editor Robert Dunn, Ena Matagic

Der Verlag dankt Sam Priddy, Jo Clark und Sally Beets
für zusätzliche Lektoratsunterstützung.

Für die deutsche Ausgabe:
Verlagsleitung Monika Schlitzer
Programmleitung Heike Faßbender
Redaktionsleitung Martina Glöde
Projektbetreuung Angelika Herre
Herstellungsleitung Dorothee Whittaker
Herstellungskoordination Katharina Schäfer
Herstellung Leonie Herr, Jenny Kolbe

Titel der englischen Originalausgabe:
Secret Explorers: Rainforest Rangers

Übersetzung Violeta Topalova
Lektorat Susanne Böse, Böse Texte – Gute Texte, München

ISBN 978-3-8310-4894-6

Druck und Bindung TBB, a.s., Slowakei

MIX
Papier | Fördert gute Waldnutzung
FSC® C018179
www.fsc.org

www.dk-verlag.de

Ein Fall für die ForscherKids

ISBN 978-3-8310-4791-8

ISBN 978-3-8310-4792-5